Espadas y sombras

Espadas y sombras:

*Navegando la juventud
en medio de las artimañas de Satanás*

by

Charles D. Fraune

Slaying Dragons Press

www.SlayingDragonsPress.com
2024

*A Nuestra Dolorosa,
y al glorioso y triunfante arcángel,
San Miguel.*

Table of Contents

INTRODUCCIÓN

«Pero esta es vuestra hora y el poder de las tinieblas».[1]

Estas fueron las palabras de Nuestro Señor a los que vinieron a arrestarle en el Huerto de Getsemaní. Hay una verdadera oscuridad en este mundo. No es simplemente la oscuridad de la duda y la desesperación en nuestras mentes, aunque ésta es una dimensión. Esta oscuridad real es un ejército de seres espirituales, dirigidos por aquel con quien Nuestro Señor entabló la lucha y venció: Satanás.

Cuando leen el Evangelio, ven que está lleno de luchas entre Nuestro Señor contra Satanás y sus demonios. La vida de la Iglesia, como se ve claramente en la vida de los más grandes santos, también está llena de estos enfrentamientos. En la actualidad, los exorcistas y todos los sacerdotes, ven esta actividad del maligno. Satanás es real, pero ha sido vencido. Sin embargo, se le permite continuar su actividad hasta el final.

En la actualidad, la actividad de Satanás se dirige de modo particular a los jóvenes. A diferencia de las generaciones anteriores, los jóvenes católicos a menudo se sienten oprimidos por una cultura de ajetreo, distracciones, entretenimientos, filosofías fallidas y depravación moral. No es justo y no es culpa de los jóvenes que se encuentren en esta situación. Sin embargo, inmersos en una cultura sin Dios, los jóvenes católicos pueden volverse débiles, heridos y confundidos.

Yo no fui diferente. Las experiencias de mi niñez me llevaron a una gran depresión y a un trastorno de ansiedad que, entre otras cosas, me hicieron abandonar la fe y dejar la universidad. No tenía armas, ni «espada del Espíritu»,[2] con las que luchar y dispersar las tinieblas y las sombras. Pero

---

[1] Lucas 22, 53
[2] Efesios 6, 17

entonces, Nuestro Señor irrumpió en mi vida y, a través de su Iglesia, me proporcionó esta espada y un mapa para navegar hacia el camino de salida.

La difícil situación de los jóvenes es la razón por la que escribí este libro: para compartir lo que he visto, experimentado y aprendido sobre esta batalla espiritual.

La Iglesia que Jesucristo ha instituido ha perfeccionado el arte de la batalla espiritual y está constantemente entrenando nuevos soldados. Aprendan a ver cómo actúa y ataca Satanás y resístanse a él. Tomen las armas de la Santa Madre Iglesia. No esperen más. **Luchen y sean libres.**

Capítulo I

Sombras invasoras

Someteos, pues, a Dios;
resistid al diablo y él huirá de vosotros.
Acercaos a Dios y él se acercará a vosotros.
Santiago 4, 7

Renuncio a Satanás...
y a todas sus obras...y a todo su espectáculo vacío.
Renuncio a Satanás,
autor y príncipe del pecado.
Renuncio al pecado,
para vivir en la libertad de los hijos de Dios.
Renuncio a la atracción del mal,
para que el pecado no tenga dominio sobre mí.

Creo en Dios, Padre todopoderoso, Creador del cielo y de la tierra.
Creo en Jesucristo, su único Hijo, Nuestro Señor, que nació de Santa María Virgen, padeció la muerte y fue sepultado, resucitó de entre los muertos y está sentado a la derecha del Padre.

Espadas y sombras

Creo en el Espíritu Santo, la Santa Iglesia Católica, la comunión de los santos, el perdón de los pecados, la resurrección de la carne y la vida eterna. Amén.

Aunque ahora lo proclamo, no siempre fue así para mí.

El diablo es real, al igual que los innumerables demonios que trabajan con él esforzándose en seducirnos y alejarnos del amor y la obediencia a Dios. Nos tienta a través de mentiras de otros a los que creemos, amistades, drogas y música donde se celebra el mal y, lo más poderoso, a través del deseo de guiarnos por la vida sin Dios en ella.

Este libro sobre la batalla espiritual girará en torno a la verdadera historia de mi conversión, que sólo puede describirse como un acto de Dios, rescatando a un cautivo de las trampas del diablo y levantándolo para ser un guerrero espiritual al servicio de Cristo Rey. Comencemos por ahí.

Me remonto a los cinco años, cuando otros niños me decían que yo era raro. Lo que me hacía raro era la idea de que tenía orejas grandes. Todavía hoy recuerdo el momento en que, a los cinco años, en la biblioteca del preescolar, de pie junto a mi madre, dos niños, a unos tres metros de mí, me miraban, señalaban y se reían... de mis orejas. Lo que hizo que esto fuera particularmente problemático fue la forma en que reaccioné ante ello, que es relevante a lo largo de toda mi vida: les creí. No solo creí que mis orejas eran grandes, sino que esta pequeña imperfección era lo que me definía. Como consecuencia, esperaba que los demás se burlaran de mí por ello y empecé a aborrecer y odiar mi apariencia. Mi padre intentó consolarme recordándome que Dumbo también tenía las orejas grandes. Pero no funcionó. Dumbo también podía volar, ¡pero yo no!

A pesar de los esfuerzos de mis padres, lo interioricé y entré en un camino de menosprecio y lástima por mí mismo. Empecé a tener pesadillas en las que me cortaban las orejas. Recuerdo conversaciones, no en sueños, sobre posibles formas de sujetar mis orejas más cerca a mi cabeza, para que no sobresalieran tanto. Mi padre decía que, a medida que creciera, me adaptaría a mis orejas y no se notarían tanto. Tenía razón, pero eso estaba demasiado a futuro como para consolarme en ese entonces.

La lástima por mí mismo y el menosprecio me llevaron a una siniestra melancolía. Empecé a identificarme con los marginados de los cuentos y prefería oír historias de personas rechazadas y desdichadas que triunfaban ante sus enemigos. Comencé a preferir historias con mensajes más oscuros y, en la escuela intermedia, empecé a sentir curiosidad por los hechizos y las cosas preternaturales como los fantasmas y los espíritus. Según recuerdo, esto se desarrolló paralelamente a mi depresión silenciosa y no fue algo que yo buscara directamente. Cuando estaba en quinto grado me regalaron un libro para niños sobre hechizos que era algo trivial (no eran hechizos de verdad); sin embargo, eso despertó mucha curiosidad por esas cosas. Prefería los juegos que trataban de magia y quería aprender sobre eso, pero me decepcioné cuando me di cuenta que los trucos de magia eran solo eso: trucos, pero sin magia. Supongo que lo que ansiaba era poder ante mi impotencia.

Las burlas trajeron consigo verdaderos enemigos. Con el tiempo llegué a calificar a estos agresores de «atormentadores» por el impacto que sus burlas tenían sobre mí. Me tomaba todo muy personal y empecé a tener miedo de muchos aspectos de la vida. Tenía muy pocos amigos porque estaba bien fastidiar a los niños de los que todo el mundo se burlaba, y ese era yo. Para conservar a los amigos que tenía, estaba dispuesto a ser un poco atrevido en algunas cosas, en un esfuerzo por impresionarlos.

Todavía en la escuela intermedia, oí hablar de invocar espíritus a través de espejos,[3] y de niños que eran arañados por las visiones que tenían y de la idea de vender el alma al diablo. Al bromear con estas cosas, expresé una cierta apertura a esos espíritus de los que hablábamos, hasta el punto de

---

[3] *«Bloody Mary»* que es básicamente una forma de invocar espíritus y no es un juego.

que un día en la escuela, me aterroricé ante la posibilidad de realmente haber vendido mi alma al diablo basándome en lo que había dicho en voz alta entre estos amigos. Afortunadamente, cuando cierta señal que se suponía debía suceder no sucedió, sentí alivio de no haberlo hecho realmente. Sin embargo, este suceso me persiguió durante los cinco años siguientes y luego permaneció en el fondo de mi mente durante casi veinte años más antes de que lo comprendiera mejor.

A pesar del horror que esto me causó, mi curiosidad por estas cosas continuó y en la escuela secundaria jugué con unos amigos con un tablero de ouija, un juego de levitación y probablemente cartas de tarot, todo lo que la Iglesia, por una buena razón, nos dice que debemos evitar.

Mientras tanto, fui criado en la Iglesia, aunque sin una buena ancla basada en la oración y la instrucción moral. Aprendí más moral en la escuela pública que en la Iglesia, lo que fue desastroso para mi vida espiritual y emocional. Tuve algunos momentos en la escuela intermedia y secundaria en los que se encendió en mí un sentimiento de fe. Aún los recuerdo con tanta fuerza como las cosas malas en las que me aventuré. Por ejemplo, creo sinceramente que fue mi Ángel de la Guarda, en octavo grado, quien metió en mi cabeza la idea de ser «seguidor del Mesías» y quien me rescató de ahogarme cuando estaba en noveno grado. También creo que fue él quien me llevó a una profunda contemplación sobre la vida y la existencia de Dios mientras intentaba conciliar el sueño una noche, probablemente cuando estaba en cuarto o quinto grado. Menciono estas cosas porque estoy casi seguro, al mirar al pasado, que Dios se oponía directamente a la obra del maligno en mi vida, plantando semillas y recordatorios a través de estos poderosos acontecimientos para que yo no me alejara demasiado y siempre temiera colocarme en el camino hacia el infierno.

Como fui criado sin conocimiento de la lucha espiritual, es solo al mirar al pasado que puedo ver que ya había sido arrastrado a esta lucha. Yo no estaba luchando, pero Dios estaba luchando en mi nombre hasta que pudo obtener mi atención y entrenarme para la batalla. Esto lo hizo, aunque no hasta que mi vida casi llegó a su fin.

Capítulo II

Oscuridad antes del amanecer

Mi penúltimo año en la escuela secundaria trajo una gran sensación de alivio, apertura, nuevas amistades y un poco de verdadera felicidad. Estas nuevas cosas buenas se vieron rápidamente eclipsadas por una tormenta espiritual que comenzó a gestarse, por así decirlo, en mi último año. Todo el estrés, ansiedad y depresión que habían pasado desapercibidos, ignorados y desatendidos —ya que nunca me sinceré sobre lo mal que percibía las cosas, mientras procesaba lo miserable que tendía a ver mi vida desde que era niño— se juntaron para dar lugar a una nueva fase crucial en mi vida: una enfermedad física inducida por el estrés y la lenta aparición de una importante depresión y un trastorno de ansiedad paralizante.

Pasé alrededor de tres meses con diferentes dietas mientras los médicos intentaban diagnosticar el problema. Lo descartaron todo y llegaron a la conclusión de que se trataba de una enfermedad inducida por el estrés, por lo que era difícil de tratar. La enfermedad me provocó una fuerte ansiedad, ya que era el típico estudiante del último año de secundaria demasiado ocupado y no podía soportar ningún nuevo estrés.

Rompí con mi novia repentinamente y empecé a buscar formas de escapar del dolor, la ansiedad y la depresión. Por suerte, las drogas y el alcohol todavía no tenían una gran presencia en mi vida. Estuve a punto de dejar la escuela en mi último año porque los estudios se habían vuelto casi insoportables. Sin embargo, me las arreglaba para ser un estudiante sobresaliente y le contaba a poca gente lo mal que iban las cosas.

Fui a la universidad y sobreviví el primer año. Afortunadamente, tuve menos depresión y ansiedad. Esto se debió principalmente a que la universidad ofrecía nuevas formas de escapar de la vida y aproveché algunas de ellas. Simplemente huía muy rápido de mis problemas, pero ese enfoque sólo puede durar poco tiempo.

Vale recordar también que en ese entonces Dios no formaba parte de mi vida en absoluto. Después de graduarme de la secundaria, dejé de ir a Misa por completo, algo que nunca me había gustado. En mi juventud, la mayoría de las veces me sentía enfermo durante la Misa por alguna razón y a menudo intentaba liberarme de tener que ir.

A pesar de un primer año tranquilo, al comienzo del segundo año de universidad todo se vino abajo. Mi ansiedad escaló tanto que apenas podía salir de mi apartamento. Estaba casi paralizado con ansiedad por tres horas antes de cualquier clase que tuviera que tomar en el campus universitario. En un par de semanas, dejé la universidad por motivos médicos. En los meses siguientes me diagnosticaron ansiedad social y depresión grave y pronto empecé a tomar medicamentos para la ansiedad general, depresión, ansiedad social y ataques de pánico.

Me quedaba despierto hasta altas horas de la noche pensando en lo insignificante y aterradora que se había vuelto mi vida. Me sentaba solo en mi habitación, fumando y haciendo los dibujos más extraños y escribiendo la poesía más deprimente tratando de «poner nombre» a la oscuridad en la que me encontraba. La idea de mirar al futuro con alguna esperanza era completamente imposible. Cada noche durante tres meses le culpaba a Dios por mis miserias y por no intervenir, mientras lloraba hasta quedarme dormido.

Pero fue en ese preciso momento cuando todo mi mundo empezó a cambiar.

Capítulo III

Comienza la intervención divina

Lo que no sabía entonces era que Dios realmente me estaba escuchando. En medio de esta época triste, que abarcó todo un semestre de universidad, surgió un misterioso deseo de llevar una cruz. No era un deseo vago. Quería específicamente una pequeña cruz de madera, de poco valor monetario, que colgara de algo tan básico como un hilo o una simple cuerda. Nunca le hablé a nadie de este deseo. Unos dos meses después volví a casa para Navidad. Una mañana bajé las escaleras y me acerqué a la mesa donde dejaba mis llaves. Allí, junto a mis llaves, vi una pequeña cruz de madera exactamente igual a como la había visto en mi mente. Se la llevé a mis padres para preguntarles por ella, pero ni siquiera pude encontrar las palabras para formular una pregunta. Mi madre me dijo: «Pensamos que te gustaría». Está bien, Dios, lo entiendo.

Esa fue la primera de muchas señales que vendrían, que no tendré tiempo de describir en detalle en este breve libro.[4] Inmediatamente volví a Misa después de un año y medio de

---

[4] En el Capítulo XI encontrará más historias.

ausencia y toda una juventud de desinterés. Desde entonces, iba todos los domingos, aunque seguía sufriendo de extrema ansiedad y depresión.

En esa misma época y en esa misma Navidad, cuando aún estaba en casa, en los albores del año 2000, vi por casualidad en la televisión, solo y a altas horas de la noche, que el Papa Juan Pablo II inauguraba un Año Jubilar, un año especial de gracia y misericordia. De nuevo, en ese mismo momento, sentí de repente un poderoso deseo de ser sacerdote. Yo, un pagano práctico, completamente alejado de Dios durante muchísimos años, lleno de vicios perversos y oprimido por ansiedad y depresión, de repente ¡quería ser sacerdote! Este nuevo deseo estaba relacionado con la idea que había rondado por mi cabeza en octavo grado, y que aquí resurgía: ser un «seguidor del Mesías». Era como si aquella idea cobrara vida. Este nuevo deseo nunca se desvaneció y me guio durante los siguientes 20 años, y todavía hoy, aunque ha adoptado una forma diferente.

A las dos semanas de volver a la Iglesia, mi terapeuta, que era atea, descubrió un nuevo medicamento del que nunca había oído hablar, y que tuvo, según sus propias palabras, el «milagroso efecto secundario» de ayudar a controlar la enfermedad que yo había desarrollado durante la secundaria, además de tratar ligeramente la ansiedad y la depresión. Aunque no me lo quitó todo, me dio un nuevo control de toda la situación. Durante los seis meses siguientes, me recetaron cinco medicamentos fuertes para tratar todos estos problemas.

Aquellos meses fueron una montaña rusa espiritual: Estaba socialmente aislado y deprimido, tomando varios medicamentos recetados y uno ilegal, experimentando con las vías de escape de la cultura de la droga y expuesto a personas peligrosas de esa misma cultura. Estuve a punto de ser detenido una vez y tan cerca del suicidio como nunca había estado, sin amigos verdaderos. Al mismo tiempo, intentaba alimentar un deseo de Dios que se había introducido en mi vida y se negaba a apagarse, a pesar de la oscuridad en que me había sumido.

El verano siguiente fue decisivo. Tuve uno de mis pocos ataques de pánico verdaderos, provocado por conducir solo por la interestatal, rodeado por todos lados de camiones de dieciocho ruedas. Este ataque de pánico también desencadenó lo que el médico llamó un «efecto de sobre medicación», que me hizo sentir completamente «fuera de mí» mentalmente. En ese momento decidí que Dios me había convencido claramente a lo largo de los seis meses anteriores de que sólo él era mi fuente de paz y que debía confiar únicamente en él y en ninguna otra cosa –legal o ilegal– para alcanzar la felicidad. La razón de esta convicción era misteriosa para mí en aquel momento, pero era la obra secreta de Dios en mi alma, mientras se preparaba para darme un don que nunca había creído posible.[5]

Poco a poco, para la siguiente Navidad, había dejado de tomar las cinco medicinas que me habían recetado y las ilegales las dejé para la Pascua siguiente. También me reunía mensualmente con un grupo de doce jóvenes que igualmente estaban considerando el sacerdocio. Esa misma Pascua, poco más de un año después de volver a Misa, me convencieron a que volviera a confesarme por primera vez desde octavo grado, a que empezara ir a Adoración y a Misa diaria.

Permítanme enfatizar lo que estaba sucediendo. Imaginen este escenario: un muchacho pagano de veinte años, quebrantado, golpeado, asustado, frágil, perdido y al borde de la desesperación, de repente experimenta lo que podría llamarse una «intervención Divina», donde Dios se auto invitó a entrar a mi vida con todo su poder con mi modesto y simple «sí». Había pasado un año y medio desde mi primer regreso a la Iglesia cuando empecé a asistir a Misa diaria y a confesarme con regularidad y sólo habían sido cinco meses desde que había empezado a sentirme un poco mejor.

---

[5] Se describirá en el próximo capítulo.

Espadas y sombras

El daño estaba hecho, de los cinco a los veintiún años, daño, verdadero daño.

Capítulo IV

El primer don del Dios generoso

Nuestro Señor inició entonces una nueva fase de su obra en mi vida. Justo después de confesarme por primera vez en siete años, la que fue realmente mi primera confesión real, Dios concedió a este hombre deprimido y destrozado un don: paz sobrenatural y abundante.

No puedo describirlo de otro modo sino diciendo que sentí como una forma de intoxicación, pero una intoxicación que me vigorizaba en lugar de tranquilizar y atontar. A mi alrededor, veía y sentía a Dios. Cuando no estaba hablando con alguien, pensaba en Dios. ¡Apenas podía prestar atención a mis clases en la universidad! Quería dejar la universidad e irme a seguir a Nuestro Señor, lo que fuera que eso implicara. De hecho, tuve varias conversaciones con algunos profesores sabios y amigos mayores sobre cómo hacer precisamente eso.

Tenía un intenso fuego de amor prendido en mi corazón y apenas podía contenerme. Personas que no conocía, cuando me veían en Misa diaria, se acercaban y comentaban lo feliz que me veía. Siempre estaba sonriendo. Todo ello a pesar de la enfermedad física que aún sufría y del claro recuerdo de las tinieblas de las que acababa de salir. Nunca había pensado que podría ser verdaderamente feliz alguna vez en mi vida, antes de este momento.

Y aquí es donde empecé a darme cuenta de verdades sobre la vida que nunca antes había conocido y que es el tema que estoy tratando ahora: Yo estaba en una guerra. Yo era una persona por la que luchaban Satanás y Nuestro Señor. Satanás me tenía; fui masilla en sus manos durante 20 años. Ahora, Nuestro Señor me había liberado. Me había rescatado y reclutado para seguirle, para correr bajo su estandarte y para tomar las armas y defenderme a mí mismo y a los demás. Realmente no sabía lo que era la batalla espiritual, pero estaba a punto de ser enseñado.

Con esta paz vinieron los sueños, y quizás así fue como Nuestro Señor comenzó mi entrenamiento para la batalla espiritual. Sueños y sueños y sueños. Eran tan vívidos y tan frecuentes que empecé a confundir mi memoria onírica con mi memoria de vigilia y a menudo no estaba seguro si un recuerdo era real o soñado. Nuestro Señor se aparecía en mis sueños. Los Apóstoles estaban con él. El Padre Pío se me apareció. San Francisco se me apareció. La Virgen se me apareció. No eran sueños aleatorios y confusos, sino sueños que me enseñaban a amar a Nuestro Señor, a perdonar a mis agresores del pasado, a renunciar a mi apego a las cosas terrenales, a poner continuamente a Nuestro Señor en primer lugar y a sufrir como discípulo.

Capítulo V

Atando la oscuridad

Tómense ahora un momento para pausar y reflexionar sobre cualquier parte de mi historia que se aplique a sus vidas. Este es un punto importante, así que léanlo y considérenlo detenidamente. Tal vez han experimentado soledad, rechazo o aislamiento, o han sentido como si no tuvieran verdaderos amigos. Tal vez saben que están involucrados en cosas que corren el riesgo de separarlos de Dios como las drogas, música mala, relaciones pecaminosas e ira hacia los demás. Tal vez sienten que no tienen verdadera fe en sus mentes o sus corazones, y preferirían tenerla, pero sienten que no hay manera de dejar de amar las cosas de este mundo y de esta cultura para amar las cosas de Dios. Tal vez se sienten oprimidos por un espíritu de depresión o de inutilidad o de falta de sentido, miedo o ansiedad, y con demasiada frecuencia tienen pensamientos que intentan convencerlos que dejar este mundo resolvería y pondría fin a sus sufrimientos.

Permítanme primero distinguir la depresión y la ansiedad de los comportamientos malignos que he mencionado. La depresión y la ansiedad suelen surgir por causas naturales y no son pecaminosas. Siempre hay que abordar el asunto primero de esta manera: acudir a un médico o a un consejero y probar una medicación si es necesario. A mí me funcionó. Mi depresión y ansiedad tenían causas naturales; tras reflexionar con claridad, supe exactamente por qué estaba deprimido y ansioso. En ese momento, sin embargo, Satanás puede aprovecharse fácilmente de nuestros pensamientos desordenados para empeorar la situación. Este es simplemente el enfoque típico del diablo: no dejar a nadie en paz. Para mí, la depresión y la ansiedad fueron el comienzo de la oscuridad que me envolvió. El grado en que Satanás está involucrado es difícil de detectar, pero dado que él es el príncipe de este mundo y está muy activo aquí, como resultado, es mejor rechazar cualquier pensamiento malsano o pecaminoso como si de alguna manera estuviera ligado a las obras de Satanás. Los pensamientos que fluyen por la mente de una persona deprimida a menudo no son saludables y Satanás puede aprovecharse de esta situación.

Pensamientos como los mencionados anteriormente dominaron mi juventud; y, de no ser por la obra secreta de Dios en mi alma, preparándome para su intervención divina en mi segundo año de universidad, probablemente ya no estaría en este mundo ni podría escribir este libro. Nuestra naturaleza humana quebrantada juega un papel en todos nuestros sufrimientos, pero más allá de eso, hay dos voces espirituales que buscan llamar nuestra atención: Dios es una y Satanás es la otra. Sus voces son claramente distintas, pero se requiere reflexión para separar y determinar quién les está hablando cuando tengan ciertos pensamientos.

Aquí quiero enseñarles una sencilla técnica de oración que es eficaz para repeler los ataques de Satanás y sus demonios. Si saben que tienen un vicio (un hábito maligno), un pecado o un pensamiento negativo y repetitivo, como los que puede escuchar alguien que está deprimido o ansioso, piensen en qué es eso ahora mismo y pónganle un nombre sencillo basado en lo que es el pensamiento o la acción. Por ejemplo, podría ser uno de los siguientes: lujuria, adicción, dudar de Dios, egoísmo, desesperación, miedo, ira, aislamiento, cortarme, etc. Ahora, con ese nombre en mente, recen en este momento:

> «En el Nombre de Jesús, renuncio a (nombren su vicio, pecado o pensamiento negativo) y a todas las veces que lo he abrazado, y elijo la obediencia a Jesucristo y a su Evangelio. En el Nombre de Jesús, te ato, espíritu de (mencionen esa misma cosa) y te arrojo al pie de la cruz para ser juzgado por Nuestro Señor».

A lo largo de este libro, si están distraídos por la carga de una de esas cosas, simplemente repitan esta oración de protección. Si piensan en algo nuevo, recen también esta oración contra ese espíritu.

Capítulo VI

Lo que está haciendo Satanás

Más adelante hablaré más directamente de la batalla espiritual, que es para lo que Nuestro Señor me estaba entrenando después de mi conversión, y para lo que también los está entrenando a ustedes, lo sepan o no. Antes de llegar a eso, debemos discutir brevemente quién es este enemigo: Satanás, un ángel caído.[6]

Satanás es un ángel creado, técnicamente un serafín y era originalmente el espíritu más glorioso que Dios había creado. Poseyendo libre albedrío y volviéndose contra sí mismo por orgullo, hizo una elección y dijo: «No serviré». Entonces, él y un tercio de los espíritus que Dios creó fueron arrojados a la tierra por San Miguel y los santos ángeles.

Tengan en cuenta que cuando Satanás fue arrojado al Infierno como castigo por su desobediencia, no desapareció a un reino separado de nosotros. En efecto, fue arrojado al Infierno, pero también fue arrojado a esta tierra y allí se le

---

[6] Lo que sabemos de Satanás procede de la Sagrada Escritura, de la Sagrada Tradición de la Iglesia y de la experiencia que la Iglesia ha tenido al oponerse a él, en la vida de los Santos y en la labor de los exorcistas.

permitió tentar a la humanidad. Ahora, vaga por la tierra como parte del plan de Dios para purificarnos y hacernos fuertes en nuestra fe.

Recuerden, Dios es bueno, y él es la bondad misma, así que todo lo que él hace está ordenado hacia el bien de sus hijos (que somos nosotros). Recuérdenlo siempre. Es una verdad fundamental de nuestra fe. También es lógico y razonable cuando se toman el tiempo de reflexionar sobre esta realidad.

¿Qué le interesa hacer a Satanás?

En primer lugar, escuchen esta declaración de uno de los grandes Papas de la Iglesia, León XIII, escrita en el año 1884:

> El humano linaje, después que, por envidia del demonio, se hubo, para su mayor desgracia, separado de Dios, creador y dador de los bienes celestiales, quedó dividido en dos bandos diversos y adversos: uno de ellos combate asiduamente por la verdad y la virtud, y el otro por todo cuanto es contrario a la virtud y a la verdad. El uno es el reino de Dios en la tierra, es decir, la verdadera Iglesia de Jesucristo, a la cual quien quisiere estar adherido de corazón y según conviene para la salvación, necesita servir a Dios y a su unigénito Hijo con todo su entendimiento y toda su voluntad; el otro es el reino de Satanás, bajo cuyo imperio y potestad se encuentran todos los que, siguiendo los funestos ejemplos de su caudillo y de nuestros primeros padres, rehúsan obedecer a la ley divina y eterna...[7]

Satanás es calificado por Nuestro Señor como embaucador, mentiroso y padre de la mentira, homicida desde el

---

[7] Humanum Genus. Papa León XIII. 1884

principio.[8] Él siembra dudas y mentiras en la mente de todos los hombres y mujeres, comenzando por Eva, a quien sedujo y convenció de desear lo que era malo. La animó a seguir sus propios deseos y a elegir según sus propios intereses y a hacer caso omiso de los mandamientos de Dios. El engaño de Satanás en su conversación con Eva la llevó a pecar y perder la gracia de Dios y la amistad con él y merecer la muerte eterna. Como resultado, Satanás obtuvo autoridad sobre ellos y sobre la tierra. La desobediencia de la humanidad hacia Dios, comenzando con Adán y Eva, nos colocó bajo el dominio de Satanás.

Piensen en la tentación que Nuestro Señor experimentó en el desierto, cuando Satanás le ofreció todos los reinos de la tierra si Nuestro Señor simplemente se inclinaba y adoraba a Satanás.[9] Piensen en el número de personas que se hacen famosas y luego se convierten en personas increíblemente inmorales e impías. ¿Qué significa adorar a Satanás? Significa servir a sus intereses, promover su causa y seguir sus órdenes. Satanás desea la condenación de todo ser humano y nos incita a hacer lo que nos destruirá.

---

[8] Juan 8, 44
[9] Lucas 4, 7

Capítulo VII

El plan de Satanás para sus vidas

Es importante que recuerden, mientras van por la vida tentados por una variedad de males, que Satanás no tiene ningún interés en su felicidad o su placer o quiere que disfruten la vida terrena o eterna. Satanás quiere que vayan al infierno. Es una dura realidad, pero una realidad al fin y al cabo.

Cuando se volvió contra Dios en su principio, él, como espíritu puro, con un intelecto y una naturaleza angélica, ambos más poderosos que los nuestros, se dedicó a una cosa: a sí mismo y a una actitud de «no Dios». Satanás y todos los demonios encuentran a Dios repugnante. Los exorcistas enseñan que es una arma poderosa contra la obsesión diabólica cuando rezamos mentalmente, cuando le hablamos a Dios en silencio en nuestra mente.[10] Aunque los demonios todavía pueden atacarnos cuando estamos rezando, dudan más en hacerlo cuando estamos meditando y pensando en Dios. Por

---

[10] Una de las formas extraordinarias con las que los demonios nos tientan. Es cuando un demonio bombardea nuestra mente con malos pensamientos y sugestiones desordenadas.

otro lado, imaginen lo que pueden hacer con una mente que nunca piensa en Dios. Pueden guiar y arruinar fácilmente a esa persona.

Satanás sólo ofrece placeres temporales, pasajeros, ¡y éstos vienen a costa de los deleites eternos! Tomen nota: ¡es una mala oferta! Todas las cosas pecaminosas que ofrece se acabarán con el tiempo. La tierra es el único patio de recreo que Satanás ofrece, pero la muerte termina con eso. Dios promete un Reino eterno que comenzará cuando dejemos esta vida. No hay duda de si moriremos, sólo de a dónde iremos una vez que lo hagamos.

Lo que Satanás nos ofrece también trae la muerte misma. Piensen en esto honestamente. La «libertad sexual» trae consigo enfermedades de transmisión sexual y embarazos inesperados, con la tentación de abortar. El consumo excesivo de alimentos y bebidas provoca enfermedades, vómito, resaca, decisiones estúpidas, adicciones y la muerte misma. Nuestro Señor, por el contrario, nos llama a un uso prudente, cuidadoso y moderado de los bienes terrenales. Al final, seguir los consejos de Nuestro Señor nos mantiene sanos y felices, tanto en el plano natural como en el sobrenatural.

El mundo moderno, con su rechazo a Dios, nos ha dado muchos testigos del verdadero propósito de las obras de Satanás. Un famoso exorcista compartió la historia de John Lennon de los Beatles; él hizo un pacto con el diablo a cambio de 20 años de fama. Casi 20 años después de ese pacto, fue asesinado a tiros. Aunque se trata de una historia controvertida, que muchos creen falsa, si se observa su obra, álbumes, tanto las portadas como las letras de las canciones, se verá claramente que hay muchos motivos de preocupación.[11] Y éste es sólo un ejemplo; hay muchos más ejemplos en Hollywood en la actualidad, muchos de los cuales implican a «estrellas» que practican abiertamente el ocultismo.

Ya que acabamos de mencionar la música, permítanme decir esto: por favor, tengan cuidado con la música que

---

[11] Vea el diseño original de la portada del álbum de los *Beatles «Yesterday and Today»* y reflexiona sobre la engañosa letra de *«My Sweet Lord»*.

escuchan. Yo enseño en una escuela secundaria e investigo lo que hacen mis alumnos. Conozco la música que existe. Mucha música es buena y parte de ella es muy buena. Aun así, debemos ser moderados con cualquier cosa buena que utilicemos. Sin embargo, es un hecho, como acabamos de discutir y que ustedes mismo pueden investigar,[12] que muchas bandas populares, durante los últimos 60 años y aun hoy en día, abrazaron cierto aspecto del satanismo y llenaron su música con una actitud que fomenta el pecado, la lujuria y la rebelión contra cualquier orden, así como una actitud de egocentrismo ante Dios. Si lo piensan honestamente por un momento, estarán de acuerdo en que esto es cierto. ¿Cuánta música moderna fomenta la modestia, el respeto a la autoridad, la pureza, la espera al matrimonio, vivir para el cielo, etc.? Reitero, esto no se aplica a toda la música.

Dicho esto, la música comunica una filosofía y una actitud ante la vida. La gente canta con pasión y las ideas son las que inspiran la pasión. Así pues, la música está pensada para comunicar una idea, no es sólo un ritmo divertido. Durante mi secundaria, escuchaba toda clase de música popular, desde *Tupac* a *Sublime*, pasando por *Rage Against the Machine, Nirvana, Radiohead, Metallica*, etc. Seré honesto con ustedes: esta música alimentó la ira contra mi vida, profundizó mi depresión y me hizo sentir mucha, mucha curiosidad por las drogas. Incluso en la secundaria, antes de tener una verdadera brújula moral cristiana, era consciente de que parte de esta música me hacía querer probar las drogas, concretamente la marihuana. Quería experimentar lo que la música expresaba y lo que la banda parecía estar disfrutando.

En la universidad, poco a poco empecé a preferir la música claramente inspirada en las drogas, como *Grateful Dead, Pink Floyd, Jimi Hendrix y Led Zeppelin*. Esto alimentó mi espiral descendente y me oprimió en la oscuridad en la que había entrado. Quería permanecer en mi miseria con esta música para que ahí me hiciera compañía. Estas bandas y su

---

[12] El documental en línea *«Hells Bells 2»*, aunque a veces gráfico y difícil de ver, es muy revelador sobre este tema.

música, que alimentaban uno u otro de mis deseos viciosos, se convirtieron en una especie de tema musical de mi vida. Las escuchaba para evadirme, para exacerbar mi ira o para tener compañía en mi miseria. La música contribuía a esclavizarme en la perdición.

Como me dijo un sacerdote: «Dios tiene un plan para tu vida; Satanás también tiene uno». Satanás busca oponerse a lo que sabe que Dios está haciendo en nuestra vida. Busca pervertir lo que Dios está revelando –distorsionar la verdad contaminándola con mentiras, permitiendo que las inspiraciones se desalienten– para llevarnos a pecar de modo que quedemos heridos. Entonces, esas heridas, como mi ira, ansiedad y depresión, nos inclinan al pecado y se convierten en el medio para controlarnos en la vida y mantenernos obedientes a él.

Como en el tema de la música, que es un regalo bueno que Dios ha colocado dentro del mundo visible que creó, podemos ver una verdad importante: Satanás tuerce y pervierte constantemente lo que es bueno. Cada tentación es una perversión de un bien. Por ejemplo: descansar, trabajar duro y pasar tiempo con amigos son cosas buenas. Pero, pueden ser tergiversadas de una manera pecaminosa: descansar hasta descuidar algo importante; trabajar duro y tratar de lograr algo basado en un estándar falso/desordenado de éxito; o pasar tiempo con los amigos aun sabiendo que esto significa estar presente en comportamientos y conversaciones pecaminosas y otras tentaciones.

Cuando surja una tentación, analícenla, y con el tiempo verán que hay algo bueno que está siendo tergiversado y entonces presentado a ustedes. Puede ser obvio o no, pero está ahí. Tomar el tiempo para analizar la tentación, bloqueará su impacto maligno inicial y robará parte de su poder.

Capítulo VIII

Esta vida es un campo de batalla

La batalla de Satanás es personal para nosotros. Nos guste o no, estamos involucrados. Somos los blancos que los demonios tienen en la mira, pero también somos soldados en esta batalla espiritual; soldados que pelearán y resultarán victoriosos, pelearán y morirán (espiritualmente), o serán capturados por el enemigo, torturados y convertidos a su bando. La única victoria que Satanás busca es robarnos de Dios, quien ha querido y desea que toda la humanidad se salve y merezca la vida eterna con él en el cielo. A Satanás le encantaría apoderarse del mundo, y los demonios son territoriales en ese sentido, pero una de las muchas razones detrás de ese interés, y la que más nos preocupa, es su deseo de tener mayor acceso a nosotros.[13]

Recuerden la santa y heroica lucha que Nuestro Señor Jesucristo soportó pacientemente desde el Jueves Santo hasta el Viernes Santo. Este es Nuestro Señor, nuestro Rey y

---

[13] Esto se ve en el trabajo de los demonios para poseer a las personas, obsesionar nuestras mentes, infestar hogares y edificios, e infiltrarse en culturas y organizaciones.

nuestro Capitán en la batalla de la Iglesia contra los poderes del infierno. Hizo todo esto para destruir el poder del Reino de Satanás en la tierra, para que pudiéramos salir de él y entrar en el Reino de los Cielos. Recuerden cuando Nuestro Señor nombró a San Pedro cabeza de la Iglesia, dijo: «Las puertas (o poderes) del infierno no prevalecerán contra ella». Esa es una imagen de batalla que indica que la Iglesia librará un asalto directo contra el Reino de Satanás que está operando en esta tierra. Nosotros, como miembros de esta Iglesia, debemos tomar nuestras espadas y luchar también.

La Iglesia nos llama constantemente, constantemente, a la lucha. San Pablo dice:

> Ya sabéis que en las carreras del estadio todos corren, pero sólo uno recibe el premio. ¡Pues corred, de manera que lo consigáis! Los atletas se privan de todo, y total ¡por una corona que se marchita! nosotros, en cambio, competimos por una inmarcesible. Así pues, yo corro, pero no sin ton ni son; y lucho como si fuera un púgil, pero no lanzando golpes al vacío; al contrario, golpeo mi cuerpo y lo esclavizo, no sea que, habiendo proclamado a los demás, resulte yo mismo descalificado.[14]

¿Por qué este gran esfuerzo? Porque, como dice San Pablo, luchamos «contra los principados, contra las potestades, contra los dominadores de las tinieblas de este siglo, contra las huestes espirituales de maldad en las regiones celestiales»[13] y, como dice Nuestro Señor, sólo «el que persevere hasta el fin se salvará».[15]

Debemos reconocer lo que el pecado y Satanás han hecho con nosotros.

Es crítico mirar, admitir y enfrentar las cosas que nos han alineado con el plan de Satanás. En mi caso, creí mentiras de gente malvada, y nunca le pregunté a Nuestro Señor qué

---

[14] 1 Corintios 9, 24-27
[15] Mateo 24, 13

pensaba, y me volví avergonzado y cobarde. Sentí ira, la consentí y la abracé, sin preguntarle nunca a Nuestro Señor cómo manejarla, me atormenté interiormente y me enfurecí por venganza. Busqué escapatorias a través de relaciones pecaminosas, comprometiendo la pureza[16] y curiosidad por las drogas, sin pedir nunca a Nuestro Señor que me rescatara de arruinar mi vida, y me quedé aislado, solo y triste, atrapado dentro de mis propios temores y deseos. Sentí miedo y me sometí a él y nunca le pedí a Nuestro Señor que me consolara y me calmara, y quedé atrapado y prisionero bajo las voces de mis atormentadores.

Así es como Satanás trató de destruir mi vida. Estos vicios y males me oprimieron y perduraron en mí hasta que aprendí y apliqué continuamente los remedios y las armas que la Iglesia nos da para esta lucha.[17] He visto que algunos de los ataques de Satanás son como garfios, no simples lanzas o dardos. Con estos garfios, no sólo nos hiere, sino que también se aferra a nosotros y se queda ahí hasta que el pecado y la herida específicos sean tratados por completo. Esto causa una especie de enfermedad espiritual que debe ser tratada adecuadamente.

---

[16] Es decir, la castidad y la moral sexual
[17] Mencionaré estos puntos en los Capítulos X y XI y en el Epílogo.

Capítulo IX

Abriendo nuestros ojos

Entonces, ¿qué debemos hacer para liberarnos de las trampas y grilletes del enemigo de nuestras almas? En primer lugar, debemos enfrentarnos a nosotros mismos y a nuestros pecados. ¿Cuál es mi pecado? ¿Por qué me gusta hacerlo tan a menudo? ¿Cuándo comenzó este pecado en mi vida? ¿Por qué acudí al pecado y no a Dios cuando fui tentado? ¿Amo este pecado o lo odio? ¿Sé que ofendo a Dios cuando peco? ¿Me importa ofender a Dios cuando peco?

También debemos afrontar nuestro trabajo como soldados, debemos preguntarnos sinceramente lo siguiente: ¿De qué lado he estado luchando hasta ahora? ¿Qué revelan los hechos de mi vida? ¿Quién es mi verdadero capitán?

Cómo se meten los demonios con nosotros.

Cuando pecamos, Nuestro Señor nos enseña que nos convertimos en esclavos del diablo. Así que, ¡tómense el pecado en serio! Odien el pecado —eviten el pecado— observen sus debilidades y predigan cuáles serán sus tentaciones. Esas debilidades son precisamente donde Satanás busca golpearnos. Sean inteligentes. San Pablo dijo: «Para ser libres nos ha liberado Cristo. Manteneos, pues, firmes y no os dejéis oprimir nuevamente bajo el yugo de la esclavitud»[18].

Antes de que Satanás intente que pequen, intenta que piensen incorrectamente, que crean incorrectamente y que perciban al mundo y a los demás incorrectamente. Los anima a rechazar lo que Nuestro Señor ha enseñado, a creer en una visión de la moral contraria a la verdad y a desconfiar de los demás, llevándolos a «seguir su propio camino» y a inventar su propia verdad, su propia moral, su propia realidad. ¿Por qué? Porque eso es lo que hizo el propio Satanás. En ese momento, los conduce a todos los pecados mortales que puedan cometer: faltar intencionadamente a la Misa dominical; comportamientos lujuriosos, promiscuidad y pornografía; drogas; mentir, engañar y robar; rechazar la vida sacramental de la Iglesia, como la Misa regular y la Confesión; lenguaje blasfemo; ridiculizar la fe; y negarse a rezar a Dios en absoluto.

Imagínense un árbol plantado en el suelo, de unos 60 centímetros de altura, apenas un retoño. Entonces, este árbol declara que quiere «¡hacer lo suyo!» y se arranca del suelo y comienza a caminar. ¿Qué va a pasar? Ahora es vulnerable. Ya se está debilitando. Pronto empezará a marchitarse. Se le caerán las hojas. La savia se le secará y endurecerá. Entonces, morirá. Cuando pecamos, hacemos lo mismo. Puede ser agradable experimentar algo nuevo, aire fresco en nuestras «raíces» como nunca habíamos experimentado antes y que esos árboles grandes opresores nos decían que no debíamos hacer porque «¡es malo para nosotros!». Del mismo modo, necesitamos confiar en Dios y obedecerle. Él es el fundamento de nuestra existencia, el Proveedor de todas nuestras necesidades y, acatando sus leyes, nos mantenemos fuertes y sanos. Pero sin él somos vulnerables y moriremos. El pecado

---

[18] Gálatas 5, 1

mortal nos hace vulnerables. Nos separa de Dios y nos arriesgamos a la miseria aquí y a la muerte eterna en el futuro.

Capítulo X

Tomen su espada

Una vez que vean la cruda realidad y las tácticas engañosas y confabuladoras de Satanás, ¿cómo pelean en esta batalla que es espiritual?

Primero, entren en estado de gracia si aún no lo están. Nunca vivan en duda sobre esto, vayan a confesarse regularmente. La confesión es como salir de la prisión y sus efectos son muy poderosos.

Luego, luchen contra las tentaciones. Debemos renunciar a Satanás, literalmente, incluso verbalmente, y renunciar a cada instancia de alinearnos con lo que en realidad es el plan de Satanás para nosotros. También debemos elegir repetida y explícitamente ser obedientes a Jesucristo.

Piensen en cómo son tentados: ¿cuáles son esos pensamientos, cuándo aparecen, cómo se expresan, hay tentaciones repetitivas que ocurren, están asociadas a un acontecimiento, herida o pecado? Una vez que hayan diagnosticado la tentación, manténganse alerta y utilicen la oración de protección para repeler esa sugerencia diabólica.[19]

---

[19] Ver Oración de Protección en la pág. 16 y el Apéndice.

Recen. Recen. Si nunca hablan con Dios, es como si fueran un soldado que se ausenta sin permiso o peor aún, un desertor. Sigan al Capitán, sigan al Rey y recen. Un simple recordatorio de cómo rezar bien es el acrónimo: ACAS – Adoración, Contrición, Agradecimiento y Súplica. Sirve para jóvenes y mayores. Pueden decir: «Tengo algo de tiempo para rezar, pero no sé qué hacer». ACAS.[20]

Tengan cuidado de no adoptar expresiones dañinas y ciertos dichos populares. Cuando algo vaya mal, por ejemplo, no digan: «Claro que eso me tiene que pasar a mí». ¿A qué viene eso? ¿Creen que tienen alguna maldición?

Analicen las palabras que utilizan y los pensamientos que acuden regularmente a sus mentes como respuesta a las situaciones. ¿Son buenos? ¿Reflejan la idea de que la vida es buena en última instancia, que Dios los ama, que les ofrece el cielo si le son fieles y que está dispuesto a perdonarlos? ¿O reflejan, y por tanto refuerzan, la mentira de Satanás: que no valen nada, que Dios los ha abandonado, que sus vidas no valen la pena, que todo va y siempre irá mal en sus vidas?

Piensen en esto con respecto a lo culpable que nos sentimos por el pecado. Las personas que piensan que no es necesario confesarse, pueden decir algo como: «¡Ni que hubiera matado a alguien!». Nunca digan esto. La Confesión es para los que no aman a Dios perfectamente, ¡no sólo para los asesinos!

A menudo olvidamos lo que significa amar a Dios. Nuestro Señor dio una clara enseñanza al respecto: «Si me amáis, guardaréis mis mandamientos».[21] También dice: «Sed, pues, vosotros perfectos, como vuestro Padre celestial es perfecto».[22] San Juan, el apóstol, el discípulo amado, dice: «Si decimos que no tenemos pecado, nos engañamos a nosotros mismos, y la verdad no está en nosotros».[23] Pero, una vez que vivimos en Cristo, en su gracia, empezamos a pecar cada

---

[20] Para más información, ver el Epílogo, página 44.
[21] Juan 14, 15
[22] Mateo 5, 48
[23] I Juan 8

vez menos. Debemos odiar el pecado para poder amar a Dios. Una vez que empezamos a odiar el pecado, Nuestro Señor nos atraerá más y más profundamente hacia él, hacia el amor, hacia la verdad, hacia la bondad.

Y esto nos conducirá a nuestra verdadera felicidad.

Capítulo XI

Caminando hacia la luz

No es reconfortante oir que miles de millones de demonios buscan devorarlos a ustedes y a todos sus amigos y arrojarlos al infierno para siempre, ¡pero a veces la verdad es desagradable! Así que, para alegrar un poco las cosas, permítanme darles una breve sinopsis de algunas de las grandes cosas que Nuestro Señor hizo en mi vida una vez que se la entregué completamente y abracé su actividad en mi alma. No siempre fue fácil y me costó trabajo, pero también se hizo más fácil a medida que me fortalecía.

Primero, como recordarán, Dios inspiró en mí el deseo de llevar una cruz que luego me la dio. Cuando respondí y volví a Misa, me dio una medicina que realmente me ayudó. Cuando me di cuenta que él era mi verdadera fuente de paz, que las medicinas primero me ayudaron a ver que era posible, me dio el valor para confiar solamente en él. Me dio el deseo del sacerdocio, aunque todavía estaba bastante deprimido y agobiado. Luego me dio un pequeño grupo de amigos santos que también querían ser sacerdotes. El hombre sin amigos, ahora tenía algunos de los mejores amigos imaginables.

Espadas y sombras

Mi santo director espiritual, que tuve durante seis años y que más tarde se convirtió en obispo, me presentó a la madre Teresa y a San Francisco de Asís, de quien escuché por primera vez el término «Divina Providencia». «Divina Providencia» es como un título para Dios que resalta el hecho de que él desea cuidar de nosotros y proveer todas nuestras necesidades. Esta nueva comprensión inició una «segunda conversión». Mis amigos me enseñaron la fe, rezaron conmigo, fueron sinceros conmigo sobre mis hábitos pecaminosos, me llevaron de nuevo a Confesión, y luego a Adoración, y después a Misa diaria. Ahora vivía en un universo completamente nuevo y sabía que tenía que cambiar ciertos aspectos de mi vida o perdería este mundo nuevo y maravilloso.

Entonces di mi pleno, aunque todavía débil «sí» a Dios. Después Nuestro Señor me concedió el intenso don de la paz sobrenatural y me hizo desear, por encima de todas las cosas, ser santo. Me dio sueños vívidos y proféticos, gracias especiales para perdonar a los «atormentadores» de mi juventud y gracias especiales para rezar y buscar a Dios con gran valentía. Me alimentaba un espíritu revolucionario de alegría, felicidad, paz y entusiasmo por Dios y por la vida en general.

Trabajé en parroquias durante muchos años mientras me preparaba para el sacerdocio y conocí a muchos sacerdotes santos e inteligentes que se convirtieron en mis mentores y defensores. Luché contra la oposición y los obstáculos en mi camino hacia el seminario y me esforcé por perseverar en la vida espiritual, pero Dios, que siempre estaba conmigo, nunca me dejó perder esta nueva paz y alegría. Nuestro Señor también me habló de manera extraordinaria, dirigiéndome y preparándome para las dificultades que él sabía que vendrían.

En el seminario aprendí muchas cosas sobre mi vida y mi vida espiritual. Nuestro Señor me apartó del sacerdocio y salí del seminario sin tener ni idea de lo que me esperaba, pero más feliz que nunca porque sabía que estaba siguiendo a Nuestro Señor y que él estaba conmigo.

Caminando hacia la luz

Conocí a mi futura esposa cuatro meses después sin siquiera buscarla. Unos amigos comunes nos pusieron en contacto. Ella, sin saberlo, llevaba casi dos años rezando por mí, pues yo estaba enlistado en una postal de seminaristas, y ella pronunciaba mal mi apellido cada vez. Nos conocimos después de la Misa del Jueves Santo. Más tarde descubrimos que el mismo día en el seminario en el que a través de una poderosa experiencia de oración, yo me había dado cuenta de que no estaba llamado a ser sacerdote, mi mujer también estaba rezando y experimentando un nuevo sentimiento de esperanza de que Dios estaba preparando para ella, en ese mismo momento, al hombre que sería su futuro marido. Ahora tenemos tres hijos que disfrutan, sobre todo, de vestirse como monjas y sacerdotes y cantar himnos navideños.

Una nota para introducir el punto final antes de concluir: Siempre he encontrado beneficio espiritual en el uso de sacramentales: la medalla y el crucifijo de San Benito, el escapulario, el rosario, agua bendita y la medalla milagrosa, entre otros. Los animo encarecidamente a que los compren y los utilicen. Son cosas físicas que Nuestro Señor ha bendecido a través de su Iglesia, y la bendición puesta en ellos fluye del amor y deseo de Nuestro Señor por nuestra salvación.

Como señal para mí de que Dios no es superado en generosidad, mientras investigaba para mi libro sobre la batalla espiritual,[24] y también para este libro, y mientras aprendía y usaba ciertos sacramentales que no había conocido antes (velas, aceite y sal bendita), Dios me dio una nueva gracia extraordinaria. Una que a pesar de todas las demás cosas maravillosas que él ha hecho en mi vida desde el primer momento de mi conversión, todavía no me había concedido.

Mira, él nunca deja de trabajar si se aferran a él.

Esta gracia, y no bromeo, fue la de ver exactamente cómo Satanás me ha estado atacando y todavía me ataca, las

---

[24] Matando Dragones: lo que los exorcistas ven y lo que debemos saber

trampas que me tiende, las mentiras sutiles que me dice y cómo todavía me persigue de una manera agresiva y una comprensión de cómo exactamente debo luchar de frente contra él. Me ha aportado abundantes conocimientos nuevos y fuerza a mi vida espiritual. Esta nueva gracia, que fue concedida según el tiempo preferido de Dios, y por nada que yo hiciera, excepto por mi deseo de recibirla, llegó justo en medio de mis preparativos para este libro. Piensen en lo que eso significa. Nuestro Señor, que me conoce mejor que yo a mí mismo y que estaba observándome hacer un repaso de mi vida y de las luchas espirituales que conllevaba, sabía que ahora estaba preparado para que se me mostrara algo nuevo. No sólo descorrió un velo, sino que puso una nueva espada en mi mano, para que pudiera luchar de acuerdo con lo que entonces entendería.

Yo no soy especial. Él puede hacer lo mismo por ustedes.

Capítulo XII

Amigos míos, Dios está vivo

Como dijo San Pablo: «Por lo demás, hermanos, todo cuanto hay de verdadero, de noble, de justo, de puro, de amable y de honorable; todo cuanto sea virtud o valor, tenedlo en aprecio. Poned por obra todo cuanto habéis aprendido y recibido y oído y visto en mí, y el Dios de la paz estará con vosotros».[25]

En el Bautismo, Nuestro Señor los invitó a convertirse en amigos de Dios. La Confesión, la Eucaristía y los demás sacramentos sostienen esto. Esta es la vida de alegría. Aunque hay dolor en la vida, trabajo duro y debilidades contra las que hay que luchar constantemente, hay alegría en la vida cristiana. Mi historia es un ejemplo. Estaba atrapado en el mundo que me presentaba falsos estándares y me condenaba por ellos; me presentaba falsos dioses y me esclavizaba a ellos; me presentaba falsos amigos que me alentaban en mis pecados y me llevaron al borde de la nada y me abandonaron allí para morir. Pero Dios está vivo, amigos míos, y me buscó, a

---

[25] Filipenses 4, 8-9

pesar de mis pecados y de mi falta de interés por él. Me salvó, me sacó de las tinieblas y me dirigió por el camino de la luz, la gracia y la salvación. He visto las tinieblas y he vivido en ellas. Nuestro Señor me enseñó a ver las tinieblas y a luchar contra ellas, y me dio un gran gozo cuando le dije «sí».

¡La sonrisa del cristiano enloquece al diablo! Pero esa sonrisa debe brotar de la obediencia a Dios Todopoderoso y debe ser la sonrisa de un soldado cristiano, sin miedo a sufrir por hacer el bien. Esa sonrisa proviene del gozo que brota dentro de un alma en amistad con Dios. Dios está vivo y es muy generoso con quienes le aman.

Recuerden de los Evangelios, cómo Nuestro Señor Jesucristo es tan diferente de todos los demás: su sabiduría, su paz, su perspectiva de que Dios es lo primero, cómo reacciona ante las cosas, su fuerza y confianza cuando está siendo juzgado, tanto que Poncio Pilato le pregunta: «¿Quién eres?». Estas cualidades fluyen de su divinidad. Jesús es Dios. Pero nosotros participamos de su naturaleza divina por el Bautismo.[26] Por tanto, el potencial y el poder de ser como Jesús sólo se consigue a través del Bautismo y de la vida en gracia. No puede adquirirse de ninguna otra manera. ¿Sabían que alguien en los Hechos de los Apóstoles intentó comprarle este poder a Pedro? No lo consiguió.[27]

Así que, hagan un plan para sus vidas. Recen con sinceridad y frecuencia, ayunen tanto como puedan y den generosa y libremente a los demás. Háganse santos en Cristo. Si están en pecado, ¡arrepiéntanse y recuperen la gracia! Luego fijen su rumbo hacia el cielo, rechazando, con el poder divino, los Sacramentos y sacramentales, y en el Nombre de Jesús, a todos los pequeños demonios molestos que se les presenten. Luchen, salgan victoriosos y háganse merecedores de la corona de la vida eterna. Una vez que ganen esta lucha, serán unos eternos vencedores, celebrando siempre, en presencia de Dios Todopoderoso, de los Ángeles y de los Santos, esta victoria que Nuestro Señor ha logrado en ustedes.

---

[26] 2 Pedro 1, 4
[27] Hechos 8, 18

Epílogo

¿Y ahora qué?

Con suerte, en este momento, estarán procesando sus propias vidas y se darán cuenta que... las cosas pueden cambiar y quizás deban cambiar. Por desgracia, los jóvenes de la actualidad están expuestos a demasiados males y sucumben a ellos. Pero, como les digo a mis alumnos: la primera parte no es culpa suya. Ustedes no eligieron nacer en una generación plagada de tantos males y trampas morales graves. Sin embargo, están aquí. Algunos de ustedes tendrán más heridas que otros, algunas de estas heridas serán más graves que otras, pero ninguno está libre de heridas. La clave ahora es que hay algo que pueden hacer al respecto.

En este sentido, no esperen para hacer un cambio. Como leyeron en mi historia, Dios me buscó y me rescató, a pesar de mi falta de interés por él. Me había consagrado a él en el Bautismo, así que Nuestro Señor cumplió su promesa y me persiguió con su gracia. Una cosa importante que hay que decir aquí es: este resultado no es típico. En mi vida, he visto a más personas alejarse de Dios que volver a él. Lo que me sucedió a mí es lo que se llama una gracia extraordinaria. Por lo tanto, mi advertencia aquí es que no permitan que su vida llegue a tal punto que requieran que Dios use un método tan extraordinario para llamar su atención, porque podría no suceder. Podría, pero puede que no.

Así que revisemos, y permítanme añadir algo más que deberían hacer.

Confesión. Si hace tiempo que no se confiesan, planeen ir cuanto antes. Al final de este libro, en el Apéndice D, hay un «examen de conciencia para adolescentes». Es a la vez una reflexión y un examen. Será una buena guía para ayudarlos a reflexionar sobre sus pecados. Hay otros que también pueden encontrar en línea. Esto les ayudará a ser más conscientes de todas las veces que han pecado para que puedan nombrar estos hechos en presencia de Dios y recibir su perdón. Ser conscientes de los pecados, tanto pasados como presentes, es vital para gozar de una vida espiritual fructífera. Los pecados nos afectan; hay que confesarlos (para recibir el perdón) y odiarlos (para no repetirlos). Recuerden: La confesión es como salir de la cárcel. Confiésense.

Honestidad. Sean honestos con ustedes mismos. En el fondo, saben lo que es el pecado. Saben, en su conciencia, que algunas cosas son malas. Afronten ese hecho. Nombren sus pecados. Luego renuncien a ellos.

Oración de protección. Utilicen la oración de protección[28] y renuncien a las tentaciones que tengan. Renuncien también a todas aquellas veces que cedieron a ese pecado. Renuncien a las mentiras que creyeron. Renuncien a las cosas que hayan dicho. Renuncien a cualquier cosa mala que puedan recordar haber hecho. Luego, usen la oración de protección con respecto a esos pecados específicos. Este proceso les permitirá conocerse mejor a ustedes mismos. Después, también sabrán mejor lo que deben confesar.

---

[28] Ver el Apéndice A y la página 16.

¿Y ahora qué?

Empiecen a rezar. No se preocupen tanto por lo que van a decir como por lo que realmente dicen. Pero háganlo con intención. Elijan un momento en el que puedan estar solos. Háblenle a Nuestro Señor desde el corazón. Cuéntenle sus problemas. Pídanle lo que realmente necesitan. Saben que él los escucha. Luego, conviértanlo en un hábito diario. La oración se hace más y más fácil cuanto más se reza. Utilicen una combinación de oraciones memorizadas y oraciones con sus propias palabras. Luego, consideren la posibilidad de buscar un buen libro de oraciones.

Hábitos pecaminosos. Si están conscientes que tienen ciertos hábitos pecaminosos, admitan que tienen que eliminarlos de su vida lo antes posible. Aunque puede suponer un cambio radical, realmente no hay justificación para retrasarlo.

Su música. Hagan una pausa y apaguen su música por un momento. Hagan un inventario de la música que escuchan habitualmente. ¿Alguna es vulgar? ¿Celebra el pecado, la impureza, la rebelión o la violencia? ¿Alguna de las bandas invoca el ocultismo, imágenes o referencias satánicas? ¿Las melodías les provocan agitación, ira o depresión? Si alguna de ellas los lleva claramente en una dirección contraria a la virtud, la dignidad humana y la búsqueda del bien por parte del hombre, sean valientes y tírenlo a la basura.

Hablen con católicos devotos. Piensen en las personas que conocen que son católicas devotas. ¿Hay algún padre o amigo que conozcan? ¿Pueden o se sienten cómodos hablando con su sacerdote? Elijan a alguien que conozca bien la fe católica. Una ventaja es que pueden ayudarles a adquirir agua bendita y otros sacramentales, así como responder a sus preguntas. Por ejemplo, cuando vayan a confesarse, sería un buen momento. Pídanle a ese sacerdote que les ayude a conseguir agua bendita. Normalmente, no es difícil encontrar una botellita diseñada para contener agua bendita. Llévensela a casa y úsenla regularmente en su habitación, su carro y para bendecirse siempre que lo deseen, sobre todo antes de dormir.

Bendigan sus casas. Hablen con sus padres si viven en casa y averigüen si ha sido bendecida por un sacerdote. Si no es así, háganlo cuanto antes. Simplemente llamen a la oficina de la Iglesia y pidan que el sacerdote vaya a bendecir su casa. Es algo normal que hace un sacerdote, así que no se preocupen por eso.

Sacramentales. Adquieran todos los sacramentales, según se sientan cómodos. Pídanle al sacerdote que los inscriba en el Escapulario. Él sabrá cómo hacerlo y podrá explicárselos. Es una devoción sencilla pero poderosa a la Santísima Virgen María y consiste en llevar un pequeño trozo de tela marrón sujeto con hilos a modo de collar. Tiene una bendición especial y la Santísima Virgen ha dado muchas promesas a los que lo llevan. Al Escapulario se le puede poner una Medalla Milagrosa y una Medalla de San Benito. También tienen bendiciones especiales. De nuevo, el sacerdote sabrá qué hacer. La sal, el aceite y las velas benditas son también sacramentales importantes y útiles. Los animo a que incorporen todo esto a su vida, pero tómense su tiempo y pregunten a un buen sacerdote cómo proceder.

Cómo rezar. Cuando recen, recuerden: ACAS. Comiencen con Adoración, alabando a Dios por su bondad, paciencia, misericordia, poder, generosidad, etc. Piensen en cómo hizo el mundo, en la bondad del mundo, en cómo los hizo a ustedes y en su dignidad. Luego continúen con contrición; arrepiéntanse y pidan perdón por haber roto alguna de sus leyes divinas de las que estén conscientes. Sus leyes corresponden a nuestra naturaleza y están pensadas para proteger nuestra vida, dignidad y destino eterno. Agradecimiento; denle gracias por todo lo que se les ocurra. Dios desea que tengamos gratitud por las cosas buenas que nos da. Nuestro agradecimiento también dispone a Dios a escuchar nuestras oraciones y a responderlas con más generosidad. Finalmente, súplica: pídanle cualquier cosa y todo lo que ustedes o sus seres queridos necesiten, que corresponda a su voluntad, según su mejor entendimiento.

La devoción a la Santísima Virgen es la clave. Cultiven una devoción a la Santísima Virgen María a través del Santo Rosario y bajo los títulos «La Dolorosa» y «Nuestra Señora Desatadora de Nudos». La Virgen María tiene muchos títulos, que se pueden encontrar en las Letanías de Loreto.[29] Cada título está ahí por una razón específica y resalta un aspecto específico de la misión que Nuestro Señor ha dado a su madre. La devoción a María es vital para nosotros porque, como dice la Escritura, es nuestra Madre. La Madre Inmaculada de Dios es también <u>nuestra</u> Madre. Jesús la entregó a todos sus discípulos cuando moría en la cruz. Ella es la Reina con su Hijo Jesús, el Rey. Por lo tanto, tiene autoridad en el cielo y Dios escucha sus oraciones de manera especial.

«**La Dolorosa**». Este título para la Santísima Virgen María destaca el dolor y la angustia que la Virgen María soportó como Madre del Redentor. Al participar de una manera tan singular en los sufrimientos del Redentor, como sólo ella pudo hacerlo, recibió de Dios una visión particular de su plan para nuestra salvación. Su aceptación de la misión de su Hijo, incluida su muerte, la llevó a una intimidad con Nuestro Señor que nadie más pudo experimentar. A través de esto, se le ha dado el conocimiento sobre nuestras batallas espirituales y puede mostrarnos la verdadera fuente de nuestras debilidades espirituales.

«**Nuestra Señora Desatadora de Nudos**». Es un título que refleja el papel de María como la Nueva Eva. Lo que Eva ató con su pecado y desobediencia, María lo desató con su fidelidad y obediencia. Como resultado, ella puede ayudarnos a

---

[29] Se consigue fácilmente en línea.

deshacer las ataduras y restricciones que experimentamos a consecuencia de nuestros pecados personales y ayudarnos a experimentar la libertad que Nuestro Señor desea darnos a través de su gracia.

Analicen su forma de pensar. Eviten pensar de un modo en el que se menosprecien a ustedes mismos, prediciendo que habrá un desastre tras otro, pensando que los demás no gustan de ustedes, que no son lo suficientemente buenos para sus amigos o para sus padres, que nunca llegarán a nada, que «la vida es demasiado dura» o «simplemente no puedo hacer esto». Gran parte de nuestros pensamientos negativos surgen de la mentira que estamos solos en esta vida y que no podemos confiar en los demás ni confiarles nuestros miedos, sueños y preocupaciones. Cuando se den cuenta que están pensando algo que es una mentira como las que se enumeran aquí, utilicen la oración de protección contra el «espíritu de _____». Puede ser expresado tan simplemente como el «espíritu de "no puedo hacer esto"» o el «espíritu de: a nadie le importo».

El Santo Nombre de Jesús. Invoquen el Santo Nombre de Jesús siempre que sientan miedo, preocupación, cargas insoportables, situaciones deprimentes o que se sientan tentado a volver a sus antiguos pecados. Simplemente digan algo como: «Oh Jesús, ayúdame, en ti confío». Eso será suficiente en ese momento. Háblenle largo y tendido cuando tengan tiempo.

La realidad de Satanás. ¿Cómo sabemos que Satanás es real? Si «miren a su alrededor» no es una respuesta suficientemente buena para ustedes en este momento, entonces lean los Evangelios. A pesar de lo que los escépticos se esfuerzan tanto en creer, Jesucristo es una figura histórica real y los Evangelios son relatos históricos precisos de todo lo que sucedió. La mayoría de los ateos honestos de hoy en día incluso lo admiten. En los dos mil años de historia de la Iglesia, innumerables santos, como Nuestro Señor en los Evangelios, han luchado contra el diablo cara a cara, y no simplemente resistiendo las tentaciones: San Juan Vianney, San Padre Pío, Santa Teresa de Ávila, San Francisco de Asís, San Antonio del Desierto, Santo Domingo, Santa Gema Galgani y San Benito de Nursia, por nombrar sólo algunos. Sus vidas no son ficción: sucedieron de verdad. Investiguen un poco y se sorprenderán.

Heridas. Piensen en su vida y en las principales heridas que arrastran. ¿Estas heridas provienen de dramas familiares, amigos, decepciones, mudanzas, drogas, errores, fracasos, lesiones, la sensación de que Dios no los ama, etc.? Tómense un tiempo a solas para reflexionar y ser sinceros. Necesitan saber qué heridas llevan en su alma. Satanás puede jugar con estas heridas y zarandearlos con ellas. También se darán cuenta de que, a menudo, algunas acciones específicas que hacen surgen de estas heridas. La forma en que responden a la gente, lo que esperan que suceda, lo que quieren y desean, lo que sienten que merecen, lo que sienten que nunca obtendrán, cómo se sienten cuando ciertas cosas suceden o no suceden, etc., todo esto puede verse afectado por las heridas que llevan.

Algo práctico: la comida. Desde un punto de vista muy práctico, fíjense en lo que comen. Si están comiendo muchos dulces y grasas, esto podría tener fácilmente un impacto negativo en su estado de ánimo y en cómo se sienten con respecto a las cosas. Simplemente reduzcan los alimentos poco saludables y coman más alimentos sanos. Es bastante sencillo y tendrá un impacto notable. Si están ansiosos o deprimidos, fíjense en la cantidad de azúcar y cafeína que consumen. Estas dos sustancias pueden incrementar en gran medida el nivel de ansiedad que sienten, lo que más adelante puede provocar depresión.

Mejoren su estado de ánimo. Hagan cosas que han demostrado que mejora su estado de ánimo como el ejercicio, el aire fresco, la tranquilidad y un buen libro. En algunos momentos, la cafeína también puede mejorar su estado de ánimo, lo cual es bueno. Eso sí, con moderación para que no les produzca ansiedad.

Pidan ayuda. Si se dan cuenta que necesitan ayuda para hacer cambios en su vida y liberarse de formas peligrosas de vivir o pensar, pidan ayuda. Hay mucha gente buena que realmente tiene una sabiduría muy útil que ofrecer. Créanme, yo he pasado por eso.

Apéndice A

Oración de protección

En el Nombre de Jesús, renuncio a _____, y a todas las veces que lo he abrazado, y elijo la obediencia a Jesucristo y a su Evangelio.

En el Nombre de Jesús, te ato, espíritu de _____ y te arrojo al pie de la cruz para ser juzgado por Nuestro Señor. Amén.

Por ejemplo, podría ser una de las siguientes:
lujuria, adicción, dudar de Dios, egoísmo, desesperación, miedo, ira, aislamiento, cortarme, etc.

Apéndice B

Oración a La Dolorosa

¡Oh Santísima Virgen María, Madre de nuestro Redentor! recuerda que somos tus hijos, entregados a ti por tu Divino Hijo, al expirar en la cruz. ¡Madre Dolorosa! por las lágrimas que brotaron de tus ojos cuando San Juan relató cómo el traidor Judas vendió a tu Divino Hijo por el vil precio de treinta monedas de plata; cómo, en el Huerto de los Olivos, agonizaba de miedo y dolor, brotándole sangre por los poros; por toda la angustia que embargó tu corazón cuando oíste que Jesús, el único objeto de tu amor, era condenado a muerte; por el dolor que traspasó tu seno maternal, al encontrar a tu único y amado Hijo cargando una pesada cruz, agotado por la pérdida de sangre, la fatiga y el dolor; por esa resignación heroica a la voluntad divina, que triunfando sobre los sentimientos de la naturaleza, te sostuvo al pie de la cruz; por el exceso de dolor que te habría robado la vida, si Dios no te hubiera preservado para consuelo de sus discípulos y de su Iglesia naciente; por los dolores que desgarraron tu corazón desolado al contemplar a tu amado Jesús, el más bello en su hermosura por encima de todos los hijos de hombres, convertido en presa de muerte, la ignominiosa muerte de cruz; por todos los sufrimientos de tu afligidísimo corazón, obtén para nosotros, oh Madre de

Misericordia, verdadera contrición por nuestros pecados, fervor perseverante en el servicio divino y los favores particulares que solicitamos en esta Novena.

Oh Madre tiernísima y afligida, que te sacrificaste en el mismo altar con tu amado Hijo, y cuyo corazón fue penetrado por los clavos que le sujetaron a la cruz; como fueron nuestros pecados los que infligieron esos tormentos a tu Divino Hijo, reconocemos que merecemos que la ira de la justicia divina caiga sobre nuestras devotas cabezas. Pero si esos mismos sufrimientos han sido hasta ahora nuestra defensa y protección, concédenos que al menos ahora podamos participar profundamente en el dolor del que hemos sido la infeliz causa; y consigue que las almas hasta ahora tan insensibles a las más fuertes pruebas de amor, puedan, por sincera contrición, probar una gota de ese amargo cáliz del que tan profundamente bebiste.

Amén.[30]

---

[30] Traducción de la oración en inglés de la página web https://www.praymorenovenas.com

Apéndice C

Oración a Nuestra Señora Desatadora de Nudos

Virgen María, Madre del amor justo, Madre que nunca rehúsas acudir en ayuda de un hijo necesitado, Madre cuyas manos nunca cesan de servir a tus amados hijos porque están movidas por el amor divino y la inmensa misericordia que existe en tu corazón, lanza tus ojos compasivos sobre mí y mira la maraña de nudos que existen en mi vida. Sabes muy bien lo desesperada que estoy, mi dolor y cómo me atan estos nudos. María, Madre a quien Dios confió deshacer los nudos de la vida de sus hijos, yo confío en tus manos la cinta de mi vida. Nadie, ni el mismísimo maligno, podrá arrebatártela de tu precioso cuidado. En tus manos no hay nudo que no pueda deshacerse. Madre Poderosa, por tu gracia y poder de intercesión con Tu Hijo y Mi Libertador, Jesús, toma hoy en tus manos este nudo (*haga su petición*). Te ruego que lo deshagas para gloria de Dios, de una vez por todas. Tú eres mi esperanza.

Oh Señora mía, tú eres el único consuelo que Dios me da, la fortificación de mis débiles fuerzas, el enriquecimiento de mi indigencia y con Cristo la liberación de mis cadenas. Escucha mi súplica. Guárdame, guíame, protégeme, ¡oh

refugio seguro! María, Desatadora de Nudos,
ruega por mí.
Amén.[31]

---

[31] Esta oración procede de la magnífica página web
https://hallow.com/es/blog/como-rezar-maria-desatadora-de-nudos-novena/

Apéndice D

Examen de conciencia para adolescentes

Hay muchos buenos exámenes de conciencia disponibles en línea, en libros y en parroquias. Tradicionalmente se basan en los Diez Mandamientos y enumeran muchos pecados o preguntas de reflexión que ayudan a entender lo que uno puede haber hecho que sea ofensivo a Nuestro Señor. Somos criaturas débiles y esta debilidad nos lleva a varios problemas. En primer lugar, nos lleva a elegir hacer cosas que parecen buenas, pero que la Iglesia y nuestra conciencia nos dicen que no lo son. En segundo lugar, nos hace incapaces de ver con claridad las cosas que son pecado ante los ojos de Dios. Por último, nos impide recordar las veces que hemos pecado y los pecados concretos que hemos cometido. Por eso es muy útil el examen de conciencia.

El siguiente examen de conciencia está escrito basándose en enfoques tradicionales y al mismo tiempo teniendo en cuenta las observaciones que he realizado como profesor de Teología en secundaria durante ocho años. Es breve y tiene la intención de ayudar a analizar críticamente el estado de su alma y dónde necesitan comenzar el trabajo espiritual para encontrar la libertad en Cristo.

Primero, tómense un momento y reflexionen sobre este hecho: ustedes son criaturas a las que el Creador Todopoderoso modeló con su poder y a las que otorgó una gran dignidad y una dignidad potencial aún mayor en Cristo. Él puso dentro de su alma inmortal, la capacidad de distinguir el bien del mal. Él entró en este mundo para establecer su Iglesia para que toda la humanidad sea capaz de distinguir claramente lo que es bueno y lo que es malo y tenga la fuerza, la gracia y el coraje para hacer siempre lo que es correcto. Esta misma Iglesia también fue establecida con el propósito de rescatar a la humanidad que iba por el mal camino y estaba perdida y quebrantada. La misericordia de Dios se derrama sobre el mundo a través de su Iglesia. Deben aferrarse a Dios en su Iglesia, como él lo quiso. Si lo hacen, llegarán a ser santos, fuertes, alegres, esperanzados, valientes, sabios y, después de su muerte en gracia de Dios, serán glorificados y recibirán la paz y la vida eterna con Dios.

Para ello, deben nombrar sus pecados, renunciar y apartarse de ellos, arrepentirse y confesarlos; hacer penitencia, negar sus antojos terrenales, ser formados a imagen de Nuestro Señor y amar y hacer sólo lo que es bueno. Esto significa que deben cambiar. Este cambio comenzó en el Bautismo, pero realmente da frutos cuando finalmente tomen en serio a Dios y alineen su voluntad con la de Dios. Este cambio da frutos a plenitud cuando sean capaces de purgar los defectos de su intelecto y su voluntad, liberándose de las mentiras de Satanás, para que puedan amar según la mente de Dios.

Para ello, deben confrontarse a ustedes mismos, por así decirlo, nombrando sus pecados en presencia del sacerdote de Jesucristo. Cuando él los absuelva de sus pecados, experimentarán una oleada de confianza en el amor y la misericordia de Dios: es una verdadera gracia que él concede, sobre todo al principio de su retorno a él. También experimentarán gracias especiales que les ayudarán a superar estas debilidades, para que no repitan sus pecados.

Examen de conciencia para adolescentes

Esto es un proceso, por supuesto, y puede tomar más tiempo para algunos que para otros, dependiendo de que tan profundo uno ha incurrido en la vida de pecado. Sin embargo, Dios puede convertir a cualquiera de nosotros en un santo, a pesar de su pasado, si cooperan con él y dejan que él haga ese trabajo en su alma. Por lo tanto, esto requiere su cooperación. Deben primero trabajar contra sus debilidades y prometer nunca más repetir esos pecados; y, segundo deben confiar en la gracia de Dios que proviene a través de la oración, los Sacramentos, los sacramentales, y la intercesión de los ángeles y los santos. No pueden hacerlo solos. Cuanto más dependan de estas cosas, más fuerte se harán.

Observen esta realidad: Dios <u>realmente les da</u> gracias reales, tangibles y sobrenaturales que los harán más fuertes, puros, sabios y santos. Dios <u>puede</u> cambiarlos, si ustedes cooperan.

Dicho esto, mientras se preparan para confesarse, aunque sea sólo un pensamiento débil en su mente al momento y no hayan decidido ir todavía, por favor lean la siguiente reflexión y consideren los pecados que llevan en su alma ahora. Mientras leen, entiendan que Dios está listo y dispuesto a perdonar cada uno de ellos, independientemente de lo malos que sean esos actos y de la vergüenza que sientan por haberlos cometido.

~~~~~~~~~~~~~~~~~~~~~~~~

¿He ayudado a otros en sus pecados, alabando sus pecados, incitándoles a pecar, alentándoles a pecar, aconsejándoles a pecar, no impidiéndoles pecar cuando era posible hacerlo, uniéndome a ellos en su pecado o protegiendo a los que hacen el mal?
¿He faltado el respeto a mis padres?
¿He desobedecido a mis padres?
¿He utilizado un lenguaje vulgar o violento hacia mis padres?

¿Me he burlado de la fe con palabras, acciones o gestos?

¿Me he burlado de otros por sus devociones, piedad personal o su comportamiento religioso?

¿He tomado el Nombre del Señor en vano?

¿He escuchado música que utiliza un lenguaje vulgar, violento, sexual o satánico, o que habla en contra de Dios y de la vida de virtud?

¿He utilizado tablero de ouija, cartas del tarot o cualquier otro medio oculto de adivinación o he recurrido al satanismo, la magia o las influencias mágicas?

¿He sido impuro conmigo mismo o con otros mediante actos como relaciones sexuales, sodomía, masturbación o cualquier otra estimulación sexual conmigo mismo o con otro?

¿He mirado pornografía?

¿He tomado y/o enviado fotos mías o de otra persona desnuda?

¿He consentido a pensamientos y fantasías impuras?

¿He utilizado un lenguaje impuro o he animado a otros a utilizarlo?

¿He visto películas o programas impuros?

¿Me he vestido inmodestamente o de manera provocativa?

¿Lo he hecho con la intención de inducir a otro a pecar?

¿He mentido? ¿Lo he hecho deliberadamente y con la intención de engañar o perjudicar a otros?

¿He robado algo? ¿Lo he hecho sin restituirlo?

¿He chismeado sobre otra persona? ¿Lo he hecho con la intención de arruinar su reputación?

¿He consumido alcohol siendo menor de edad?

¿He consumido alcohol hasta el punto de intoxicación?

¿He consumido drogas ilegales?

¿He utilizado medicamentos recetados de forma contraria a la finalidad para la que me fueron recetados, en particular si no me los recetaron a mí?

¿He intentado hacer daño a otra persona? ¿He hecho daño a otra persona?

¿He animado a otra persona a abortar? ¿Le he ayudado de alguna manera a abortar?

Examen de conciencia para adolescentes

¿He intentado suicidarme o hacerme daño?

¿Me he cortado a propósito?

¿Me he colocado intencionadamente en una situación peligrosa que podría haberme llevado a la muerte?

¿He tomado pastillas o bebido en exceso con la intención de dejarme llevar por la muerte sin el deseo de buscar ayuda?

¿He perdido la esperanza en el amor de Dios?

¿He negado que fuera católico?

¿He negado la existencia de Dios?

¿He hablado abiertamente en contra de una enseñanza de la Iglesia?

¿He negado la autoridad de la Iglesia y el hecho de que fue fundada por Nuestro Señor?

¿He abandonado la práctica de la fe durante algún tiempo?

¿He recibido la Sagrada Comunión teniendo pecado mortal?

¿He sido negligente o irrespetuoso en la Misa, por ejemplo no prestando atención, llegando tarde, saliendo antes o burlándome de aspectos de la Misa mientras estaba presente en el banco de la iglesia?

¿Me he negado a hacer lo que la Iglesia nos manda, como la asistencia a la Misa dominical y la Confesión mínima anual?

¿He descuidado el mandamiento de descansar el domingo haciendo trabajo servil innecesario el domingo, como deberes, proyectos escolares u otras actividades que interfieren con asegurar que este día esté dedicado a Dios?

¿He pasado mi tiempo libre del domingo haciendo cosas contrarias al espíritu del día, como viendo películas inmorales y formas de entretenimiento contrarias al sagrado descanso ordenado por Dios?

¿Me he negado a hacer lo que es necesario para mi alma y ayuda a mi crecimiento espiritual, como la oración diaria, confesión regular, actos de piedad, obras de misericordia, recepción frecuente de la Sagrada Comunión, etc.?

Sobre el autor

Charles D. Fraune es el profesor fundador de teología en la Escuela Secundaria Católica *Christ The King* en Huntersville, Carolina del Norte, y ha sido profesor de teología durante ocho años en esa entidad. Ha enseñado en casi todos los niveles, desde segundo grado hasta adultos a nivel universitario y diocesano. Charles pasó tres semestres en el Seminario de San Carlos Borromeo en Pensilvania con la Diócesis de Raleigh. Esto completó su discernimiento al sacerdocio y la vida religiosa que duró 9 años, después del cual confirmó que Nuestro Señor no le estaba llamando al sacerdocio. Charles obtuvo una Maestría de Arte en Teología en *Christendom College Graduate School*, así como un Diplomado en Catequesis Apostólico Avanzado. Charles disfruta de escribir desde hace más de veinte años, lo que produjo su primer libro, *Come Away By Yourselves*. Adicionalmente, ha estado trabajando en libros relacionados con varios aspectos de la Fe Católica y la poderosa historia de su regreso a la Iglesia después de luchar con una enfermedad y depresión. Charles también se dedica a la «agricultura de patio trasero». Vive en la Diócesis de Charlotte, Carolina del Norte con su esposa y sus tres hijos pequeños.

Slaying Dragons Press

Slaying Dragons Press, fundada en el 2021, es el fruto del trabajo espiritual iniciado en el 2016 que buscaba nuevas formas de llevar a la gente el gozo y la belleza de la Fe Católica. Por Providencia Divina, lo que comenzó bajo el nombre de The Retreat Box se ha convertido en The Slaying Dragons Apostolate y Slaying Dragons Press.

Este trabajo es un apostolado comunitario que prospera gracias al apoyo y respaldo de aquellos que disfrutan de estos libros. Como resultado, los aficionados de los libros y los partidarios de la misión ayudan a aumentar el alcance de Slaying Dragons Press hablando de estos libros a amigos, familiares, sacerdotes, religiosos y obispos.

Por favor, considere apoyar este trabajo de cualquier manera que pueda. Aunque Slaying Dragons Press no es una organización sin fines de lucro, el apoyo financiero es siempre bienvenido. Por favor, visite SlayingDragonsPress.com para encontrar formas de apoyar a este apostolado. Si no tiene una copia de los otros libros célebres que hemos publicado, ¡obtenga una hoy!

*Apoye este trabajo en **Patreon**:
~patreon.com/theslayingdragonsapostolate

*Suscríbase a la página web del autor para obtener descuentos y noticias:
~SlayingDragonsPress.com/pages/**Subscribe**

Títulos populares de Slaying Dragons Press

The Occult Among Us: Exorcists and Former Occultists Expose the Nature of This Modern Evil

The Rise of the Occult: What Exorcists & Former Occultists Want You to Know

Slaying Dragons: What Exorcists See & What We Should Know
(also in Spanish – *Matando Dragones*)

Slaying Dragons - Prepare for Battle: Applying the Wisdom of Exorcists to Your Spiritual Warfare

Swords and Shadows: Navigating Youth Amidst the Wiles of Satan

Come Away By Yourselves: A Guide to Prayer for Busy Catholics

Slaying Dragons Press